Des arbres pour le balcon

Des arbres pour le balcon

Philippe Bonduel

Éditions Rustica

Dépôt légal : février 2005
ISBN : 2-84038-585-6
N° d'éditeur : 48503
Première édition : février 2005

Sommaire

Avant-propos

Si je me suis passionné pour les plantes dès mon plus jeune âge, je n'ai pas toujours disposé d'un jardin et j'ai parfois dû me contenter de quelques mètres carrés de balcon pour satisfaire ma passion. Celle-ci était telle que, l'enthousiasme de la jeunesse aidant, je n'ai pas hésité à y installer des arbres, au petit bonheur, au grand dam, parfois, de mes parents et des voisins.

J'ai la chance de pouvoir désormais planter en pleine terre mais j'ai conservé une tendresse particulière pour les jardins suspendus, pour lesquels le défi consiste à donner une illusion de jardin dans un espace restreint, venté, bétonné, bref, peu hospitalier.

J'exerce régulièrement mes modestes talents sur une petite dizaine de tels lieux, appartenant à des amis et des proches, dispersés aux quatre coins de la France. Ce champ d'expérimentation m'a permis, avec le temps, de faire le tri entre le possible et l'irréaliste et de déterminer un choix d'arbres adaptés à ces conditions si spéciales.

Je peux donc vous l'affirmer : cultiver des arbres sur un balcon est possible, en s'en tenant à un choix raisonné, en prenant certaines précautions, et grâce à quelques tours de main. Si l'expérience vous tente, vous trouverez dans ces pages de quoi éveiller, je l'espère, l'amateur d'arbres qui sommeille sûrement en vous.

Philippe Bonduel

Exposition
Contenant
Substrat
Entretien
Arrosage

Cultiver des arbres au balcon

Transformer un univers minéral en petit paradis comporte des contraintes, qu'il ne faut pas chercher à occulter, et nécessite l'apprentissage de quelques tours de main précis et indispensables. Quelques conseils très simples vous permettront de faire les choix les plus efficaces et les plus économiques et de réussir vos plantations au balcon.

Les contraintes

La plantation sur balcon présente des contraintes spécifiques, d'ordres climatique, mécanique et... administratif. Bien les connaître vous permettra d'éviter à coup sûr nombre de déboires et de déceptions.

Je conseille

« Tous les arbres à floraison estivale, qui demandent d'ordinaire une taille printanière, gagneront à être rabattus, au moins partiellement, en novembre-décembre. Ils offriront ainsi moins de prise aux ***bourrasques*** *de l'hiver. Je raccourcis généralement de moitié les tiges de l'année, et je taille le reste normalement, en mars. »*

Un microclimat

D'une manière générale, le vent augmente les effets de la chaleur, du froid et de la sécheresse. Par conséquent, sur un balcon, il fait plus sec en été et plus froid en hiver que dans un jardin car le vent, rebondissant ou coulissant le long des murs, y est plus violent. Par ailleurs, le vent a aussi pour effet d'augmenter la pression des contenants sur leur support, en les secouant.

Il est donc recommandé de haubaner les arbres à l'aide de filins discrets mais robustes, scellés dans le mur. Des treillages limiteront également les effets des **bourrasques.** Les brise-vent souples, en maille plastique, outre qu'ils ne sont pas très jolis, sont de peu d'efficacité sur un balcon et difficiles à installer. Préférez-leur des châssis en bois, à maille carrée. Stables et robustes, ils ne risqueront pas de s'envoler.

Les contenants

Le poids cumulé des pots, de la terre et des arbres est important et augmente avec le temps. Dans un immeuble moderne, l'architecte sera à même de vous garantir la résistance au mètre carré de votre balcon.

Dans tous les cas, il est plus sage d'installer vos plantations au ras des murs, et non au milieu du balcon, et vous avez intérêt à choisir des contenants résistants, certes, mais légers. Mieux que la terre, le fibrociment, le bois et le **plastique** sont des matières qui offrent un excellent rapport volume/poids/résistance aux chocs et au froid.

mémo

Il existe maintenant des pots en **plastique** imitant la terre à s'y tromper et résistant à tout (froid, chaleur, chocs...).

Adaptez le poids des contenants à la résistance mécanique de votre balcon.

Les contraintes administratives

D'une ville à l'autre, la loi régit différemment les plantations sur balcon. Les services d'urbanisme de votre mairie sont habilités à vous fournir toutes les explications nécessaires, dont il est prudent de demander une copie.

Pour un appartement, ainsi que dans certains lotissements, reportez-vous également au règlement de copropriété qui impose souvent certaines limites : des contenants de dimensions réglementées, ou en nombre limité ; certaines espèces interdites (les caduques, par exemple, à cause des feuilles mortes)...

Le respect du voisinage

Le simple bon sens vous indique en outre de veiller à ce que vos plantations ne puissent nuire à vos voisins (inondations, feuilles mortes...).

Pensez également aux éventuels risques de dommages et prenez conseil auprès de votre assureur, pour être certain que votre contrat vous protège.

Choisir un arbre

L'espèce n'est pas le seul critère à prendre en compte dans le choix des arbres pour le balcon. Ceux-ci ont en commun des caractéristiques bien précises à garder en tête au moment de prendre votre décision.

La taille et la silhouette

Sur un balcon, pour des raisons de place, de poids et de prise au vent, les grosses plantes sont interdites. C'est ainsi que les végétaux amples par nature, tels que les cèdres et les séquoias, sont proscrits.

Pour obtenir une plante d'aspect arborescent, c'est la silhouette, plus que la taille, qui compte. L'idée d'arbre est donnée par une plante dotée d'un tronc bien dégagé, ou, à la rigueur de 2 ou 3 formés en **cépée**, et dont les branches dessinent une **couronne** sous laquelle il est possible de passer.

Cépée : arbre ou arbuste formant naturellement, depuis la base, un bouquet de 2 troncs ou plus.

Nombre de grands arbustes bien formés au sécateur peuvent ainsi convenir (le laurier-cerise, le sureau...), ainsi que des arbres maintenus petits et dont la silhouette est bien typique dès leur jeune âge (le marronnier...).

Le style

Il vous faudra faire un choix affiné selon que vous souhaiterez donner à votre balcon un aspect campagnard (avec le sureau, par exemple), ordonné ou strict (avec l'if), selon que vous favoriserez les fleurs ou le feuillage, selon que vous préférerez un spectacle plutôt printanier (l'amélanchier, le pommier d'ornement) ou plutôt automnal (l'amélanchier, encore).

Couronne : ensemble de la ramure d'un arbre, tout ce qui domine (ou couronne) le tronc. On parle aussi parfois de houppier, mais ce terme qualifie plutôt la partie supérieure, croissante, du branchage.

Vous trouverez dans les fiches des pages suivantes les possibilités d'emploi de chaque espèce (style régulier, fleurs de printemps ou d'été, couleurs d'automne, fruits, feuillage persistant...), pour vous aider dans vos choix.

Prenez votre temps, lors de l'achat, pour choisir un plant à la silhouette harmonieuse.

Acheter le bon arbre

En dehors des critères particuliers à chaque espèce, que nous envisagerons cas par cas, il existe des conseils généraux pour l'achat d'un arbre destiné au balcon.

Achetez jeune

Choisissez de préférence de jeunes sujets, qui sont moins coûteux, s'adaptent mieux à leur environnement, et sont beaucoup plus faciles à transporter (surtout à travers un appartement).

Scion : tout jeune arbre pas encore ramifié.

Vous pouvez former vous-même la plante à partir d'un jeune **scion**, ce qui peut parfois prendre du temps, mais il est aussi possible, pour la plupart des espèces, d'acquérir un arbre déjà formé en pépinière, qui, bien que jeune, fera tout de suite de l'effet tout en restant adaptable. Choisissez-le alors avec une tige de la hauteur finale souhaitée et veillez à prendre des sujets au tronc bien droit dès le départ.

En motte ou à racines nues

Les sujets fournis en motte (les persistants, qui transpirent sans cesse et qui ne supportent pas de voir leurs racines mises à nu) ou à racines nues (les caducs) sont les plus recommandables : leurs racines, taillées lors de l'arrachage, fournissent rapidement de nombreuses radicelles de remplacement dans leur nouveau logement et assurent un établissement vigoureux de l'arbre. Ils ne sont cependant disponibles qu'en période de repos végétatif, soit entre novembre et mars.

Les arbres en conteneur restent acceptables en dehors de cette période. N'hésitez pas à dépoter ces derniers, avant achat, pour vérifier que les racines ne forment pas un tissu trop serré. Elles seraient incapables, alors, de conquérir leur nouveau territoire.

De jeunes sujets, plus économiques, s'adapteront mieux que les plantes adultes.

La plantation

C'est une étape déterminante pour l'avenir de toute plante, mais plus encore pour les arbres en pot, qui sont totalement dépendants du logement étroit qui leur est donné. Agissez donc avec méthode.

Je conseille

« On a parfois des difficultés à trouver du ***feutre horticole*** *en petit métrage. Personnellement, j'utilise avec succès pour cet emploi du molleton d'ameublement synthétique, bon marché et imputrescible... »*

Installer le contenant

Rassemblez tous les éléments à pied d'œuvre et protégez les lieux de passage d'un plastique épais.

Assurez-vous que le contenant retenu est proportionné à l'arbre qu'il doit accueillir. S'il est trop grand, ce n'est qu'un défaut esthétique. Trop petit, en revanche, le pensionnaire y souffrira aussitôt de la faim et de la soif, sans parler des risques de chute dus au déséquilibre.

Installez ce contenant à sa place définitive pour ne pas avoir à le bouger une fois plein et... lourd ! N'oubliez pas de placer dessous une soucoupe proportionnée à sa taille, pour recueillir les excédents d'arrosage. Entre soucoupe et pot, intercalez 3 ou 4 tessons, pour laisser un jour.

Préparation du substrat

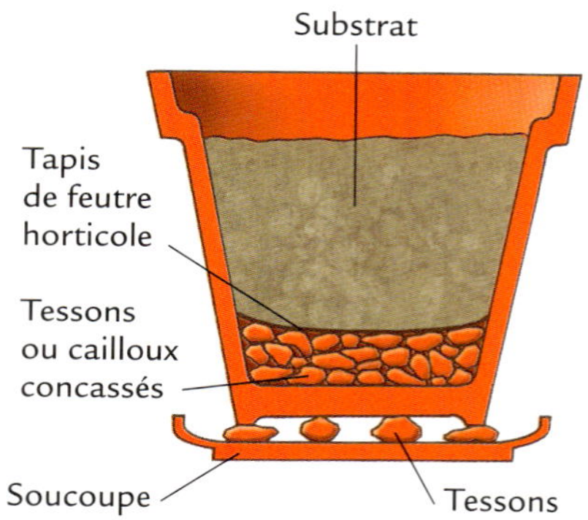

Préparer le substrat

Préparez-le à l'avance. Il en existe de tout prêts, mais le mieux reste de le faire vous-même. Le défi est de le concevoir à la fois aussi léger et aussi riche que possible. Une bonne moyenne consiste en un mélange à parts égales de terre de jardin, de terreau et de perlite ou de pouzzolane.

Garnissez le fond du pot d'une couche de 5 à 10 cm de matériau drainant : tessons ou cailloux concassés. Recouvrez ce lit d'un tapis de **feutre horticole**, qui évitera l'infiltration de la terre. Disposez enfin au-dessus un lit de substrat. La plantation proprement dite peut alors commencer.

La taille du pot, la qualité du substrat et la régularité des arrosages à la plantation sont des facteurs déterminants pour le développement harmonieux d'un arbre.

Planter

■ Une plante en conteneur

Démoulez la plante. Grattez à la griffe un maximum de son substrat, souvent trop riche en écorce broyée, stérile, et décoiffez le plus possible les radicelles.

Présentez la plante dans le pot. Rectifiez le niveau du lit de mélange terreux si nécessaire, pour que le collet de la plante arrive un peu en dessous du bord du pot. Centrez bien le tout. Comblez enfin en ajoutant du substrat et tassez à la main ou à l'aide d'un bâton épais.

■ Une plante en motte

Les racines des plantes en motte sont généralement entourées d'une toile. Laissez celle-ci en place car elle ne nuit pas au développement de la plante et facilite les manipulations. Présentez la plante et agissez comme pour une plante en conteneur.

■ Une plante à racines nues

Une plante à racines nues ne doit pas attendre, dans la mesure du possible.

Si la place vous le permet, **pralinez** les racines dans une grande bassine (vous trouverez en jardinerie du pralin tout prêt, en poudre).

Le lit de substrat doit être plus épais que pour une plante livrée en conteneur ou en motte, et bien tassé. Procédez ensuite comme pour une plante en conteneur.

Dans tous les cas, tuteurez ou haubanez les plantes pendant 1 an environ, pour assurer leur stabilité.

Praliner : enrober les racines d'une plante en les trempant, avant la plantation, dans une boue épaisse composée de terre argileuse et de bouse de vache, pour favoriser l'émission de radicelles.

Plantation d'un arbre à racines nues

❶ Pralinez les racines dans une grande bassine.
❷ Placez l'arbre au centre du pot de façon à ce que les racines soient bien étalées et que le bourrelet de greffe dépasse au-dessus du substrat.

Plantation d'un arbre en conteneur

1

❶ Démoulez la plante.

2

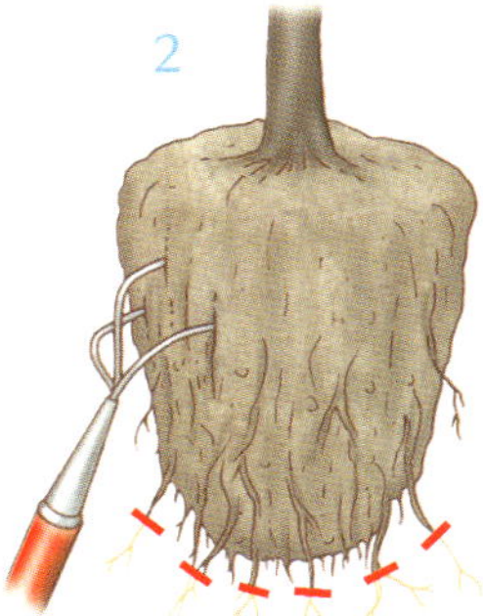

❷ Ôtez à la griffe un maximum de son substrat et décoiffez les radicelles.

3

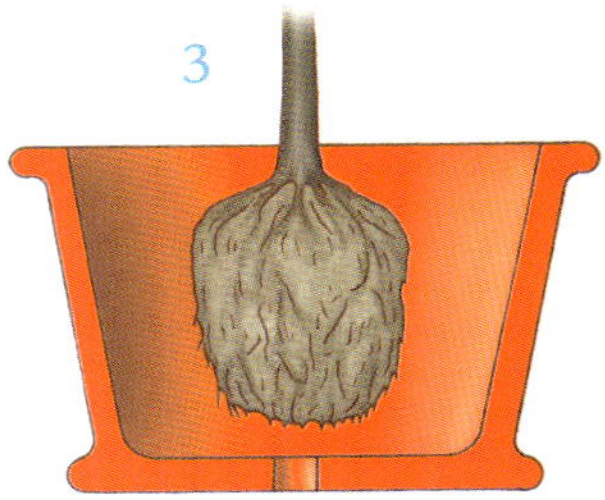

❸ Installez l'arbre au centre du pot : le collet de la plante doit être placé un peu en dessous du bord du pot.

4

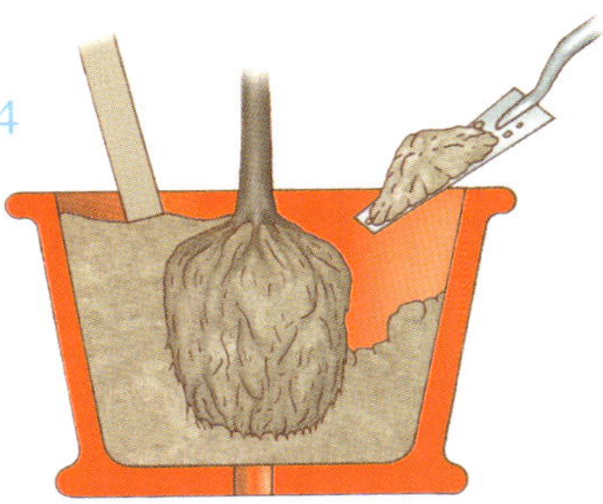

❹ Comblez en ajoutant du substrat, tassez à la main ou à l'aide d'un bâton épais.

5

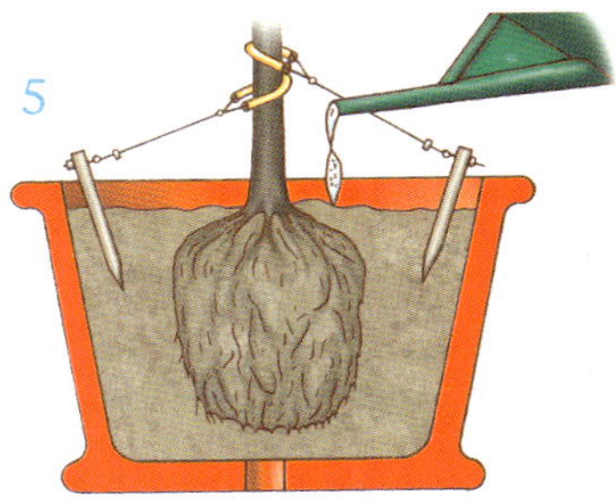

❺ Haubanez l'arbre et arrosez pour tasser la terre.

Arroser

Après la plantation, terminez par un bon arrosage, que vous renouvellerez tous les jours pendant une semaine, pour bien asseoir le tout. Une fois la plantation terminée et la terre tassée, il doit y avoir un léger décaissement entre le haut du pot et la terre (5 cm environ) pour permettre des arrosages copieux sans débordement.

L'entretien

Une fois vos plantes installées, il vous reste à assurer leur vie quotidienne, en veillant à bien les arroser, les nourrir et les protéger.

L'arrosage

L'arrosage est la tâche la plus importante. Si le balcon est normalement exposé à la pluie, vous pouvez compter sur celle-ci d'ordinaire entre octobre et mars. Ensuite, et particulièrement en été, ce sera à vous d'assurer quotidiennement les apports d'eau.

Comptez en moyenne un arrosoir (10-12 litres) par plante et par jour. Procédez en 2 fois si l'eau risque de déborder du contenant.

Apportez des engrais au printemps.

Je vous recommande l'installation d'un système d'arrosage automatique, relié à une horloge, qui alimentera en eau toutes les plantes du balcon. Vous serez ainsi libéré de cette tâche quotidienne et tranquille en cas d'absence. Faites des essais de jour, pour trouver le bon rythme, puis ensuite, réglez l'horloge sur la nuit, qui est le meilleur moment pour arroser les plantes.

Les engrais

Pour nourrir les végétaux, il est nécessaire de leur apporter des engrais. Recourez de préférence à des formules pauvres en azote et à diffusion lente.

Suivez bien les indications du fabricant, en évitant le surdosage, et appliquez toujours l'engrais après un copieux arrosage, pour éviter les brûlures.

En général, un seul apport, au printemps, est suffisant.

Le rempotage

Si vous le pouvez, rempotez vos arbres tous les 5-6 ans environ. C'est une opération assez difficile pour laquelle il est préférable d'être plusieurs.

Opérez en mars-avril. Couchez l'arbre et son pot sur une grande toile. Démoulez en tapant au maillet caoutchouté sur le bord du pot et en tournant l'arbre. Une fois la motte dégagée, griffez-la énergiquement et supprimez un maximum de racines mortes et de vieille terre.

Rempotez ensuite dans le même contenant, avec un substrat neuf, en procédant comme pour la plantation d'une plante en conteneur.

Un surfaçage de terreau riche suffit aux grandes plantes.

Le surfaçage

Le surfaçage est une technique qui concerne les plantes séjournant dans de très gros pots inamovibles, qu'il est donc impossible de rempoter. Procédez tous les ans, au printemps.

Grattez à la griffe un maximum de terre de surface et éliminez-la. Ne craignez pas de blesser les radicelles rencontrées en route. Remplacez alors le substrat ôté par un mélange à parts égales de terre de jardin et de fumier bien décomposé (en sac), auquel vous ajouterez la dose annuelle d'engrais.

Je conseille

*« Le plastique étanche ne doit jamais être en contact direct avec les arbres car la condensation, en gelant, empire les effets du froid. J'intercale toujours du **voile** (ou de la toile) **de forçage**. »*

La protection hivernale

En hiver, protégez les plantes les plus sensibles.

Les effets du froid sont très atténués par la pose, entre novembre et mars, d'un **voile de forçage** (ou d'hivernage) autour de la couronne des arbres.

Entourez les pots eux-mêmes de paille ou de plusieurs épaisseurs de toile, pour garder la masse des racines dans une chaleur relative.

La protection contre le vent limite les effets du froid.

La taille

La taille des arbres de balcon est plus simple que celle des arbres de jardin, qui sont plus développés. Toutefois, il est tout aussi nécessaire d'intervenir de temps en temps pour les maintenir dans un volume raisonnable, garder leur forme ou les rajeunir.

La formation d'une cépée

La cépée est un bouquet de 2 troncs ou plus, qui partent d'un même point de la base. Elle n'apparaît spontanément que de façon rare.

Pour l'obtenir, partez d'un jeune sujet en buisson doté de plusieurs branches et brindilles. Gardez-en seulement 2 - ou 3, c'est plus élégant - des plus fortes, et supprimez toutes les autres, ainsi que tous les rejets qui pourraient apparaître.

Si l'arbre choisi n'est pas disponible en touffe ou n'en forme pas par nature, prenez un jeune scion que vous couperez au ras du sol. Dans un deuxième temps, sélectionnez, sécateur en main, les repousses qui conviennent pour former les troncs.

Formation d'une cépée

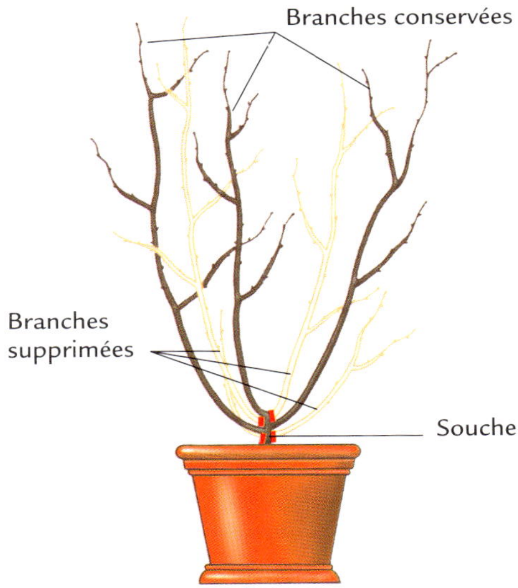

Le coup de peigne

La taille des jeunes rameaux a pour effet de faire apparaître des brindilles latérales de remplacement, plus nombreuses mais plus courtes, la même quantité de sève étant alors répartie entre elles. Le résultat obtenu est une silhouette dense et bien coiffée. C'est le traitement ordinaire des haies régulières et **topiaires**.

Topiaire : végétal (arbre, arbuste, haie) taillé en lui donnant une forme précise, dans un but ornemental.

Coup de peigne

Taille de rapprochement

Pour les arbustes à feuillage fin, comme l'if, la taille s'effectue sur les brindilles de l'année, à la cisaille, le taille-haie étant un peu disproportionné sur un balcon. Travaillez en un mouvement régulier et agissez 2 fois par an, en avril et en été.

Pour les plantes à grandes feuilles (le charme, le laurier-cerise), utilisez le sécateur, pour ne pas déchiqueter le feuillage.

La taille de rapprochement

Sans chercher à mettre en forme régulière les arbres de balcon, il est souvent souhaitable de leur conserver un feuillage dense. Ils gardent ainsi tout leur caractère mais dans un volume restreint, ce qui les rend peu encombrants.

Cette technique consiste donc à « rapprocher » du tronc la silhouette de la ramure. Là encore, il s'agit de provoquer la repousse de plusieurs rameaux courts à la place d'une tige vigoureuse. L'ensemble doit cependant rester aéré.

Pour ce faire, on ne taille qu'une fois par an, à des époques variables selon le type d'arbre. Taillez les espèces cultivées pour leur feuillage (l'if, par exemple) et les espèces à floraison estivale en fin d'hiver. Taillez les espèces à floraison printanière sitôt les fleurs fanées. Elles ont ainsi encore le temps de former des rameaux neufs bien fermes avant l'hiver.

En règle générale, rabattez les pousses les plus jeunes de moitié.

Adaptez le type de taille à l'espèce et à la forme des arbres.

Taille de rajeunissement

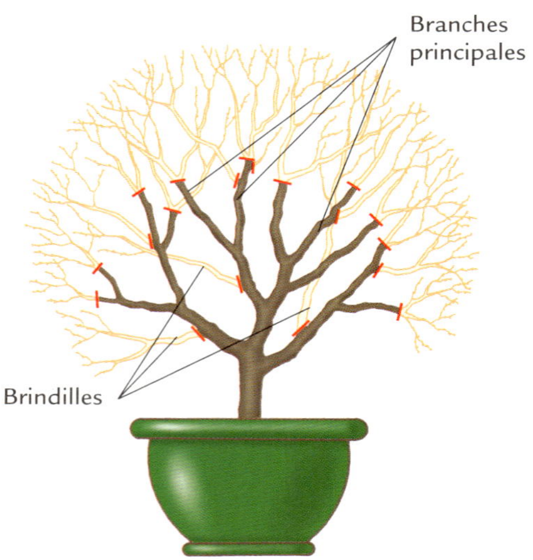

Recépage

La taille de rajeunissement

Après quelques années, les arbres acquièrent une silhouette confuse, avec des rameaux très abondants mais faibles. Il faut alors employer les grands moyens : en fin d'hiver, supprimez toutes les brindilles du centre au sécateur, puis rabattez, de moitié environ, les branches principales, à la scie.

Le recépage

Nécessaire pour certaines espèces tels les saules, qui ne gardent leur beauté qu'à ce prix, le recépage consiste à supprimer toutes les branches au ras du tronc ou de la souche (cep), ou parfois de quelques branches maîtresses bien choisies, pour former un bouquet de jeunes repousses.

Il est important de couper les branches bien au ras du tronc, pour éviter la formation de chicots disgracieux qui risqueraient de se nécroser.

Il est préférable d'éviter l'emploi de tout produit cicatrisant sur les plaies de taille. Si celles-ci sont nettes et propres, l'arbre n'en a aucun besoin. Des études récentes abondent dans ce sens en montrant que les produits attaquent le bois (notamment ceux qui sont à base de cuivre) ou bien enferment les germes néfastes.

Notre sélection

Parmi les centaines d'arbres ou de grands arbustes disponibles sur le marché, seul un nombre restreint est capable de s'adapter efficacement à la culture en bacs et aux dures conditions de la vie en ville. Vous serez sûr de votre effet avec cette sélection, qui vous permettra de débuter. Après quoi, vous pourrez étendre la gamme et faire des essais...

L'acacia boule

Robinia pseudoacacia 'Umbraculifera'

Atouts : forme une boule naturellement.

Limites : ne fleurit pas.

Surtout connu pour son emploi en alignement, où il n'est pourtant pas le mieux exploité, l'acacia boule produit, sans aucune intervention, une cime dense, au port régulier et au feuillage léger et mouvant.

Peu exigeant et supportant bien des conditions difficiles, cet acacia est parfait en ville.

Ses rameaux serrés sont à peu près dépourvus d'épines et forment spontanément une couronne régulière, en boule, d'où son nom.

Son feuillage caduc, dense, vert tendre, constitue son principal attrait. Il vire à l'or en automne.

L'arbre atteint généralement entre 3 et 4 m de haut pour 2 m de large. En le taillant, vous pourrez **réduire**, si nécessaire, sa largeur sans le défigurer.

Cet arbre bon marché satisfera les amateurs de plantes bien structurées, qui n'auront pas besoin pour autant de faire appel à la technique rigoureuse des topiaires.

Je conseille

*« Dès la plantation, je **réduis** aussitôt le volume des branches des deux tiers, ce qui limite leur développement mais permet d'éviter de haubaner l'arbre. »*

Les clés de la réussite

- Soleil ou mi-ombre.
- Assez grand (0,80 à 1 m^3).
- De base (terreau-terre-perlite).
- Pas de maladies notables. Les pucerons déforment parfois les jeunes pousses en mai. Effectuez alors 2 traitements à 8 jours d'intervalle avec un insecticide polyvalent.
- Normal : en moyenne un arrosoir (10-12 litres) par jour.

Cultiver l'acacia boule

Installez vos plants en automne, pour qu'ils s'enracinent bien avant le printemps. Leur frondaison dense

L'acacia boule est un des arbres les plus tolérants en ville.

offrant une bonne prise au vent et les branches étant un peu cassantes, évitez les emplacements très exposés et tuteurez ou haubanez les nouveaux pensionnaires pendant 1 an au moins.

Au printemps, supprimez les éventuels rejets apparus sur le tronc ou dans le sol. Pour réduire la largeur de la cime, raccourcissez les rameaux de moitié en mars, tous les 5 ans.

Peu exigeant, l'arbre supporte bien des négligences d'arrosage, un **sol** moyen à pauvre, le plein soleil et même la pollution.

Faites vos achats

Choisissez toujours des sujets déjà formés, **greffés en tête** à la hauteur qui vous convient, et jeunes. Les sujets âgés supportent mal les transplantations et leur ramure n'est jamais adaptée à l'emplacement choisi.

Veillez également à ce que la « boule », même peu garnie, soit bien régulière, les parties creuses ne se remplissant que lentement.

mémo

Habitués des **sols** maigres et secs, les acacias craignent l'eau stagnante, surtout en hiver. Il faut vérifier chaque année, en automne, que le drainage des bacs reste parfait.

mémo

Pour obtenir plus rapidement un tronc bien droit, on greffe, à la hauteur voulue, une espèce pleureuse ou buissonnante ou de pousse lente, sur un scion d'une espèce vigoureuse. C'est la **greffe en tête**.

L'angélique en arbre

Aralia elata

Atouts : arbre peu encombrant, pittoresque et peu exigeant.

Limites : tronc légèrement piquant.

Je conseille

« Ne taillez jamais le bourgeon terminal. En cas d'accident, pour reformer le tronc, je ne conserve que la repousse placée le plus haut ; les rejets situés plus bas poussent dans le désordre et donnent une touffe peu esthétique. »

mémo

Le **paillis** a pour effet de briser l'homogénéité du sol et donc de retenir l'humidité. Organique, c'est-à-dire constitué de déchets végétaux, il enrichit le sol.

Rien de tel que ce petit arbre pour donner une touche exotique et distinguée au moindre recoin. Ses lignes strictes s'accordent particulièrement bien avec un univers minéral.

Cet arbre rustique, toujours beau, est une des plantes les plus faciles à cultiver. S'il est un peu nu en hiver, il a l'avantage, en retour, de s'avérer peu encombrant.

Les immenses palmes triangulaires du feuillage sont portées en couronne au sommet de tiges minces et gracieuses, atteignant vite 3 m de haut. Chaque palme peut mesurer 1 m de long, ce qui forme une belle ombrelle ! Les épines du tronc s'émoussent rapidement, ce qui rend la plante fréquentable sans précautions particulières.

En été, de gros bouquets de fleurs crème forment une cascade neigeuse au centre de la couronne. Ils sont suivis de baies noires, luisantes. Le feuillage se colore en jaune tendre, rose et magenta en automne, avant de tomber.

Les clés de la réussite

- Ombre ou mi-ombre.
- Moyen (0,60 m^3 environ).
- De base (terreau-terre-perlite).
- Coupez les rejets au ras du sol dès leur apparition, sauf si vous souhaitez former une cépée. Pas de taille. Pas de traitement systématique.
- Arrosez 2 fois par jour en été pour maintenir le sol frais.

Cultiver l'angélique épineuse

Tout ce que demande cette plante, c'est un sol raisonnablement frais. Recouvrez celui-ci, le cas échéant, d'un tapis de terreau ou posez un **paillis** organique (terreau, coques de cacao, compost...).

Pour former une cépée, gardez 2 rejets de hauteur inégale, au ras du tronc principal. On trouve parfois des sujets âgés, taillés très court dans leur jeunesse et branchus dès la base.

Évitez, lors des surfaçages et rempotages, de blesser les racines principales. Elles repartiraient sans problème mais en émettant de nombreux **gourmands**.

Gourmand : rejet issu de la base ou des racines d'une plante et détournant la sève utile à son profit.

Si votre plante donne des feuilles étriquées, apportez-lui, au printemps, une demidose d'engrais azoté.

Récupérez les feuilles mortes avec des gants : ce sont elles qui portent les aiguillons les plus agressifs.

Laissez votre angélique en arbre former une cépée.

Faites vos achats

Vous pouvez acheter un plant de n'importe quel âge et le laisser pousser, tout simplement. Vous gagnerez cependant à acquérir une plante avec un tronc élevé, qui produira un effet immédiat.

Les très gros sujets conservent des mottes de faible taille et peuvent ainsi être placés sans peine dans des conteneurs peu encombrants.

L'arbre de soie

Albizia julibrissin

Atouts : peu encombrant ; feuillage léger ; floraison parfumée ; aspect exotique.

Limites : supporte mal la taille.

Tout est légèreté dans cet arbre inattendu : son feuillage, ses fleurs parfumées en forme de houppette à poudre, et sa ramure mince. C'est un enchantement pour l'été, où il dispense juste ce qu'il faut d'ombre sans jamais gêner.

Toujours élégant, jamais envahissant, cet arbre, qui prend spontanément un port en ombrelle, peut s'étendre librement sans apporter pour autant une ombre excessive. Son très joli feuillage et son étonnante floraison apportent une note exotique. Sa faible prise au vent l'indique tout particulièrement pour les balcons.

On pense immédiatement au mimosa, son cousin, quand on voit le feuillage plumeux, aérien, de cet échappé des savanes. Il est cependant beaucoup plus rustique et tient jusqu'à – 15 °C environ. Le nom d'« arbre de soie » lui vient de ses fleurs estivales en pinceau, blanc rosé dans le type sauvage, rose clair ou rouges dans les diverses sélections, qui sont très supérieures. Ces fleurs dégagent une odeur appétissante de fruit, entre abricot et pomme.

Les clés de la réussite

- Plein soleil. En tout climat, évitez les expositions ventées.
- Moyen à grand (0,60 à 1 m^3).
- De base (terreau-terre-perlite).
- Protégez bien les bacs en hiver : les racines sont la partie la plus frileuse de cette plante.
- Arrosez 1 fois par jour seulement, en été.

Cultiver l'arbre de soie

En plantant votre arbre de soie en fin d'hiver (mars), vous lui assurerez un meilleur départ car il n'aura pas à souffrir des grosses gelées. Après une saison, il sera mieux

Les albizias sont de plus en plus colorés et rustiques.

armé. Ne plantez que des sujets jeunes. Comme chez tous les membres de cette famille (les Mimosacées), les vieux plants acceptent mal les déplacements.

Limitez la taille aux rameaux de l'année précédente. La taille des vieilles branches entraîne souvent des écoulements résineux et une maladie de ce bois tendre.

Seul le plein soleil est garant d'une abondante floraison, en juillet-août. C'est également lui qui durcit les bois et les rend résistants aux gelées.

Le drainage des contenants est un point capital, les racines s'asphyxiant vite en terre humide.

Les **apports** d'engrais azotés sont non seulement inutiles, mais néfastes : ils font avorter les fleurs et fragilisent le bois.

Faites vos achats

Vous trouverez toujours, en pépinière, des sujets à la ramure réduite. Ne vous inquiétez pas, c'est un atout supplémentaire, garant d'une reprise sans heurts. Ils prendront leur essor en 3 ou 4 ans environ.

La variété '**Ombrella**' a des fleurs très foncées, presque rouges. Presque identique par ses fleurs, '**Pompadour**' est plus compact et donc moins encombrant.

Je conseille

« Pour nourrir l'arbre de soie sans lui nuire, je dépose quelques pelletées de cendre de bois à ses pieds, 2 fois par an, en mars et en octobre. C'est un ***apport*** *de potasse bienvenu et suffisant. »*

mémo

Seul représentant rustique d'un vaste genre tropical, cet arbre gracieux a conquis la France jusqu'au nord de la Loire dans les vingt dernières années, grâce à des sélections françaises particulièrement robustes (**'Ombrella'** et '**Pompadour**').

L'aubépine

Crataegus spp.

Atouts : très rustique ; florifère ; peu exigeant.

Limites : parfois sensible aux pucerons.

mémo

Si les aubépines sont aussi nombreuses dans les haies de nos bocages, c'est qu'avec leurs **aiguillons**, elles ont servi, en pays d'élevage, d'ancêtres au fil de fer barbelé, jusqu'au début du XXe siècle.

Encore présent dans nombre de nos haies, ce très bel arbuste est d'un charme fou lorsqu'il se couvre de fleurs en mai, puis de baies rouge éclatant en automne, et c'est un modèle de robustesse.

Très rustique et peu encombrante, l'aubépine est à son aise partout. Pour notre plus grand plaisir, elle disparaît sous les fleurs, en mai. Elle ne craint pas les courants d'air les plus froids et son développement réduit ainsi que son tronc bien droit en font un sujet idéal pour le balcon. En outre, elle supporte, le cas échéant, des tailles sévères.

Vous aurez le choix entre le modèle sauvage (*Crataegus monogyna*), à fleurs simples blanches, odorantes, et ses hybrides comme *C. laevigata*, à fleurs de divers tons de rose ou de rouge vif. Les hybrides, particulièrement à fleurs doubles, portent cependant moins de fruits. Ceux-ci, rouges, luisants, persistent longuement car ils tentent peu les oiseaux, à l'exception des pigeons, parfois.

Les feuilles petites, vert foncé, découpées, sont très brillantes. Tous les rameaux sont armés de forts **aiguillons**.

Les clés de la réussite

- Soleil ou mi-ombre.
- Moyen à grand (0,60 à 1 m^3).
- Terreau-terre-perlite, dans la proportion 1-2-1.
- Supprimez régulièrement les rejets sur le tronc et à la base. Raccourcissez d'un tiers les pousses fanées. Traitez contre les pucerons.
- Normal : en moyenne un arrosoir (10-12 litres) par plante et par jour.

Aux fleurs simples blanches de l'aubépine sauvage succèdent des fruits rouges et brillants.

Cultiver l'aubépine

Peu exigeant, ce petit arbre (3-4 m environ) préfère les terres un peu fortes, et il faut bien charger le mélange en terre de jardin.

Évitez-lui les expositions brûlantes.

Afin de ne pas avoir à souffrir de ses aiguillons, procurez-vous une tige suffisamment élevée pour passer dessous sans peine, et supprimez les rejets dès leur apparition.

Le raccourcissement des rameaux défleuris fait obstacle à la maladie du feu bactérien.

Les pucerons déforment parfois les jeunes pousses, sans conséquences notables.

Faites vos achats

Choisissez une tige déjà formée, la formation étant malaisée sur balcon. Ne prenez, pour la plantation en bac, que des sujets à racines nues, afin de vérifier que le **pivot** a été supprimé. Sa présence, faute de profondeur, entraverait un enracinement uniforme dans un contenant, et favoriserait la formation d'un **chignon**.

Parmi les cultivars classiques, retenez 'Plena', blanc double et fructifère, 'Rosea Flore Pleno', rose double, 'Paul's Scarlet', rose vif double.

Pivot : racine verticale centrale.

mémo

Longtemps enfermées dans un récipient trop petit, les racines des arbres s'emmêlent, et forment un **chignon**. Sur les plants en conteneur, celui-ci est souvent malaisé à défaire à la plantation. Il entrave durablement le développement des plantes.

Le bouleau de l' Himalaya

Betula utilis 'Jacquemontii'

Atouts : pousse partout ; port compact, peu encombrant ; beau toute l'année.

Limites : parfois sensible à divers parasites du bois, qui creusent et font casser les branches.

Issu des montagnes d'Asie, ce bouleau a les avantages communs au genre – sobriété, rusticité – alliés à une silhouette compacte, fusiforme, et à un tronc d'une blancheur éclatante.

Capables de résister à peu près à tout, les bouleaux supportent le vent, les sols maigres ou asphyxiés et le froid avec une royale indifférence.

Cette espèce offre l'avantage de présenter une silhouette assez dense, en fuseau, de grandes feuilles vert vif, et surtout une écorce bien blanche, particulièrement remarquable en hiver. Le contraste entre le vert du large feuillage, frais et brillant, et le blanc du tronc mat, assure un spectacle élégant.

Les clés de la réussite

- Toutes sauf brûlante.
- Moyen à grand (0,60 à 1 m^3).
- De base (terreau-terre-perlite).
- Taille biennale des rameaux de base. Pas de maladies. Les engrais ne sont pas obligatoires.
- Normal : en moyenne un arrosoir (10-12 litres) par plante et par jour, mais l'arbre n'aime pas avoir soif.

Cultiver le bouleau de l'Himalaya

Les bouleaux apprécient une plantation d'automne, qui leur donne le temps de s'installer. Le tuteurage des jeunes sujets est inutile.

En ce qui concerne la taille, intervenez seulement en février-mars pour supprimer les rameaux de base, afin

En automne, dégagez à la main l'écorce nouvelle du bouleau.

de dégager rapidement un tronc. N'en ôtez jamais plus du tiers.

L'écorce ancienne se détache en grands lambeaux, en cours d'été. Cette **desquamation** est signe de bonne santé. En zone très polluée, où l'écorce reste noircie, vous pouvez la passer au nettoyeur à haute pression, en fin d'été, en maintenant une pression modérée.

Faites vos achats

Il est préférable de choisir des sujets très jeunes (moins de 1 m de haut), toujours vendus en motte. Leur pousse est très rapide, alors que les sujets plus âgés stagnent et ne progressent guère.

Ne vous inquiétez pas si l'**écorce** est brune, au départ : elle ne blanchit qu'au bout de quelques années. Les meilleurs cultivars, aux troncs les plus blancs, sont 'Jermyns' et 'Silver Shadows'.

mémo

En prenant de l'âge, chaque année, les troncs des arbres grossissent et leur écorce casse en larges plaques ou en fins morceaux, contrairement à celle du chêne, par exemple, qui suit le mouvement en produisant des plis. Ce phénomène s'appelle la **desquamation**.

Je conseille

*« Veillez à la qualité de la pépinière où vous effectuez vos achats. Les cultivars doivent être greffés et non semés. Il m'est arrivé d'obtenir des plants de bouleau semés, qui ont donné des individus à **écorce** brune, tachetée ou vilainement rugueuse. »*

Le catalpa

Catalpa bignonioides

Atouts : floraison estivale parfumée ; pousse rapide ; supporte bien la taille.

Limites : redoute les terres sèches, les climats torrides.

De pousse rapide, tolérant bien la pollution et des climats variés, ce bel américain a conquis nos villes. Il y épanouit en début d'été des fleurs blanches délicieusement parfumées et offre son élégant ombrage durant toute la saison.

Ce genre comporte une dizaine d'espèces, mais celle-ci reste la plus intéressante, grâce à sa facilité d'adaptation à des conditions de culture variées, à sa pousse régulière et à sa silhouette toujours élégante.

Les grandes feuilles en cœur, vert frais, suffiraient à sa beauté mais l'arbre produit en outre, en juillet, de gros bouquets de fleurs très odorantes, blanches, à gorge tachée d'or. Les fruits, comparables à des haricots verts, ne sont pas dépourvus de pittoresque.

Les clés de la réussite

- Soleil ou mi-ombre.
- Grand (1 m^3 environ).
- De base (terreau-terre-perlite).
- Haubanez fermement l'arbre pendant 2 ans, en raison de sa grande prise au vent.
- Seules exigences pour cette espèce : des arrosages réguliers et un sol qui reste drainé.

Cultiver le catalpa

Mettez en place cet arbre aux racines tendres en fin d'hiver (mars). La reprise est bien meilleure qu'avec une plantation d'automne, où les racines risquent de pourrir avant de s'installer.

Très accommodant, le catalpa demande peu de soins. Cette essence pousse très vite et il suffit d'acheter un scion pour le rabattre à la hauteur qui vous convient. L'année

Les variétés dorées du catalpa sont plus belles après une taille sévère.

Ne nourrissez pas trop votre catalpa ; il fleurira mieux.

suivante, recépez les repousses à 30 cm du tronc pour former la charpente de base et, en 3 ans, vous obtiendrez l'arbre souhaité.

Si les pousses de l'année vous semblent un peu longues et dégingandées, réduisez-les d'un tiers en juillet. Elles formeront des rejets courts et nombreux, qui étofferont l'arbre. La floraison n'intervient cependant que sur les sujets peu taillés.

Faites vos achats

Ne cherchez pas à acheter de gros sujets ; ils reprennent très bien mais c'est de l'argent perdu, étant donnée la vitesse de croissance de l'espèce. En 3 ans, au plus, vous obtiendrez un plant aussi fort et plus régulier.

La variété '**Aurea**' donne des feuilles jaune d'or, devenant vert acide en cours d'été. Plus réduite que le type, elle convient particulièrement bien aux petits espaces. Elle fleurit peu ; en revanche, son feuillage coloré illuminera les balcons un peu sombres.

'Pulverulenta', encore plus réduite, donne un feuillage plus petit et éclaboussé de blanc crème.

mémo

La quasi-totalité des plantes à feuilles dorées, tel le cultivar '**Aurea**' du catalpa, préfèrent une exposition lumineuse, mais non brûlante. Pauvre en chlorophylle, leur feuillage se racornit en effet sous un soleil trop intense. Par ailleurs, la lumière douce met mieux leur coloris en valeur.

Le charme commun

Carpinus betulus

Cette valeur sûre de nos bois reste une très belle espèce, truffée de qualités, qui s'adapte à des situations variées. Très employée en haies, elle mérite de figurer plus souvent en isolé.

Atouts : très facile à tailler ; semi-persistant ; très rustique ; résiste à la pollution.

Limites : craint les climats torrides.

La beauté du charme tient avant tout à son petit feuillage lancéolé, vert vif, aux nervures marquées, et à sa belle écorce lisse, gris argenté.

Poussant dans des conditions très diverses, il est d'une rusticité à toute épreuve et supporte toutes les tailles, même les plus fantaisistes.

En automne, ses feuilles **marcescentes** virent à l'or puis au brun roux et assurent la pérennité du décor.

Marcescent : se dit du feuillage de certains arbres caducs, tels que charme, chêne et hêtre, qui, une fois fané, persiste partiellement jusqu'au printemps.

Suivant la météo, le charme se pare en automne d'or ou de pourpre.

Ses tiges et brindilles très nombreuses, lui confèrent une remarquable densité. Les fruits en pompon, qui évoquent ceux du houblon, ajoutent un élément de décor, mais apparaissent rarement sur les balcons.

Les clés de la réussite

- Soleil ou mi-ombre.
- Moyen à grand (0,60 à 1 m^3).
- De base (terreau-terre-perlite).
- Tous les 5 ans, en mars, éclaircissez au sécateur l'intérieur de la cime, en supprimant les brindilles du cœur. Taillez les branches principales tous les 2 ans à la même époque.
- Normal : en moyenne un arrosoir (10-12 litres) par plante et par jour.

Cultiver le charme

La faculté de repousse du charme est prodigieuse. Même taillé au ras du tronc, il repousse sans effort ! Mieux vaut cependant éviter ce régime. Le plus simple consiste à former un jeune sujet en supprimant dès le départ un tiers des branches de base, et l'étage inférieur chaque année en mars, par la suite, jusqu'à obtenir la hauteur de tronc désirée. Rabattez alors la **tige centrale** pour voir se former une cime que vous maintiendrez plus ou moins arrondie par la taille de fin d'hiver.

Pour une taille de rajeunissement, tous les 5 ans (toujours en mars), le mieux est de raccourcir la moitié seulement des branches et de compléter l'année suivante. Il est possible, avec un peu d'habileté, d'en former des topiaires.

Faites vos achats

Cet arbre, cultivé en grand, est très bon marché. Procurez-vous un sujet à racines nues, de 2 m environ, en novembre. C'est le type sauvage qui convient le mieux au balcon.

Je conseille

*« Se laissant vite guider par le vent et la lumière, la **tige centrale** des jeunes sujets peut prendre une forme indésirable. Jusqu'à ce que j'arrête sa croissance en hauteur en la taillant, je la guide à l'aide d'un tuteur souple, fiché en terre ou attaché à la base du tronc. »*

Sous le sécateur, votre charme prendra toutes les formes de votre choix.

Le chêne vert

Quercus ilex

Atouts : résiste au vent même salé ; persistant ; sobre.

Limites : frileux dans son jeune âge.

Traditionnellement associé au Midi, cet arbre pousse en fait partout en France sauf dans les régions les plus froides. Persistant, au feuillage dense, il assure un décor permanent et se prête bien à la taille.

Pouvant former avec le temps un arbre majestueux, le chêne vert sait se contenter de peu. En bac, il conserve des dimensions raisonnables. Son feuillage lancéolé, vert foncé, est assez variable, avec un bord tantôt lisse, tantôt denté, comme le houx (les piquants en moins). Très serré, il ne laisse pas voir les branches. L'écorce, caractéristique, est gris très foncé, finement craquelée.

Les clés de la réussite

- Soleil, même brûlant, ou mi-ombre. Évitez les courants d'air froids.
- Moyen à grand (0,60 à 1 m^3).
- De base (terreau-terre-perlite).
- Très peu exigeant.
- Normal : en moyenne un arrosoir (10-12 litres) par jour. Veillez au parfait drainage du contenant.

Cultiver le chêne vert

Installez l'arbre au soleil, où il sera plus touffu et plus rustique, ou à mi-ombre. Comme tous les persistants, il est préférable de le planter en **demi-saison**, en octobre ou en mars. Le substrat peut être très calcaire sans inconvénient, car il pousse presque sans sol sur de la craie.

Haubanez bien le sujet en situation exposée, car il offre une bonne prise au vent. Bien que résistant à la sécheresse, il se développe mieux s'il est régulièrement arrosé en été. L'eau ne doit stagner en aucun cas.

mémo

Le froid de l'hiver consomme de l'humidité. Les arbres persistants continuent à transpirer en toute saison et sont donc assoiffés par le gel. Ils résistent bien quand ils sont établis, moins bien lorsqu'ils sont juste plantés et ils gagnent donc à être installés en **demi-saison**.

Je conseille

*« Pour **haubaner** les arbres, je veille toujours à ce que les colliers qui fixent les haubans sur le tronc n'étranglent pas celui-ci. Par ailleurs, je laisse toujours un peu de jeu, les arbres s'enracinant mieux que lorsqu'ils restent immobiles. »*

De pousse lente, le chêne vert n'est jamais encombrant.

La taille est impérative pour maintenir l'arbre dans des dimensions raisonnables. Raccourcissez d'un tiers une branche sur deux, en mars, chaque année. Par la suite, quand l'arbre prend de l'âge et pousse moins, n'intervenez que tous les 3-4 ans.

Il est aisé d'en former des topiaires. Travaillez celles-ci à la cisaille 2 fois par an, en avril et en août.

Faites vos achats

Pour gagner du temps, achetez un sujet déjà formé : le chêne vert, malgré ses qualités, ne pousse pas très vite.

Ne prenez que des plantes en motte ou, à défaut, en conteneur, en veillant particulièrement, dans ce cas, à ce que les racines ne forment pas de chignon.

Si le tronc n'est pas dégagé, supprimez aussitôt la moitié des branches de base superflues, et complétez le travail un an après.

La cordyline

Cordyline australis

Atouts : très exotique ; pousse vite ; floraison parfumée.

Limites : pas très rustique.

Mi-yucca, mi-palmier par son allure, cet arbre néo-zélandais donne une touche exotique assurée à n'importe quel décor, sans jamais prendre trop d'ampleur.

Les grandes feuilles rubanées, persistantes, de la cordyline forment une fontaine au sommet d'un tronc liégeux, craquelé, pittoresque. Vertes, pourpres ou diversement bicolores, elles atteignent 1 m de long et donnent à la silhouette un faux air de palmier.

Les énormes grappes pendantes de fleurs blanches, très odorantes, sont suivies de baies en perle, luisantes, blanches ou bleues.

De pousse assez rapide, résistant bien au **vent**, cet arbre élégant serait parfait partout sans sa relative sensibilité au froid (– 10 °C, au plus).

mémo

Les feuilles tendres, de grande taille ou non, sont toujours sensibles au **vent**, qui les déchire. À l'opposé, les feuilles coriaces, rubanées ou non, offrent une excellente résistance.

Les clés de la réussite

- Soleil non brûlant.
- Moyen à grand (0,60 à 1 m^3).
- De base (terreau-terre-perlite).
- Supprimez régulièrement les feuilles sèches à la base de la couronne. Protégez tronc et bac en hiver.
- Arrosez abondamment en été, et mouillez le feuillage si le soleil se fait brûlant. Évitez l'eau stagnante.

Cultiver la cordyline

Installez vos plants au printemps, pour qu'ils s'établissent bien avant les rigueurs d'un premier hiver. Peu gourmande, cette espèce peut se passer d'engrais.

Ne vous laissez pas tromper par son allure de palmier : cet arbre, de climat maritime, craint en effet les excès de sécheresse atmosphérique ; ne le laissez pas avoir soif.

Moyennement rustique, la cordyline repart de la base en cas d'accident dû aux gelées, qui détruisent le haut de la tige.

La rapidité de la pousse est l'un des grands atouts de la cordyline.

Systémique : se dit d'un produit qui est absorbé par les parties vertes des végétaux et véhiculé par la sève dans toute la plante, ainsi traitée dans son entier.

Si de petites taches jaunes viennent cribler le feuillage, c'est le signe d'une maladie cryptogamique. Luttez contre ces taches avec un fongicide **systémique**, appliqué 3 fois à 8 jours d'intervalle, en avril-mai.

Faites vos achats

Sauf si vous désirez un effet immédiat, achetez des sujets jeunes. La croissance de cette plante est rapide et elle n'atteint jamais des proportions encombrantes.

Si vous souhaitez des feuilles vertes, plantez le type, qui est robuste. Si vous préférez un arbre aux feuilles pourpres, optez pour 'Purpurea', ou 'Red Star', encore plus foncé.

Le cornouiller de Chine

Cornus kousa chinensis

Considéré comme un objet précieux par les collectionneurs, cet arbre s'avère plus résistant qu'on ne pourrait le croire et bien adapté à la culture en bac. Sa spectaculaire floraison de juin, suivie de beaux fruits, en fait un décor d'exception.

Atouts : floraison de longue durée ; pousse dans un faible volume.

Limites : craint les expositions brûlantes.

Gracieux et formant naturellement un tronc solitaire, le cornouiller de Chine est un petit arbre aux rameaux minces, à la cime évasée. Il porte un joli feuillage satiné, lancéolé, vert tendre, qui se colore agréablement en automne, avant sa chute.

Les fruits du cornouiller n'ont rien à envier en beauté à ses grosses fleurs blanches.

Bractée : large feuille transformée, généralement colorée en blanc, rose ou rouge, qui entoure, chez un certain nombre de plantes, la fleur proprement dite qui est peu spectaculaire. C'est le cas chez le cornouiller, l'hortensia, le poinsettia...

Je conseille

*« Quand il faut limiter le poids du **bac**, je privilégie son diamètre plutôt que sa profondeur, pour laquelle 50 cm suffisent, avec un bon paillis. Les racines s'étendent en effet plutôt en surface. »*

En juin, il se couvre de fleurs en glomérules vertes, entourées de larges **bractées** blanc pur, qui font toute la beauté de cet épanouissement. Elles se colorent parfois de rose en fin de floraison. Nombreuses, elles font disparaître les feuilles et les branches. Les fleurs centrales produisent de très beaux fruits charnus, roses, semblables à des framboises géantes. Ils sont comestibles mais insipides.

Les clés de la réussite

- Mi-ombre, à l'abri du vent.
- Grand, si possible (1 m^3 ou plus).
- De base (terreau-terre-perlite), non-calcaire.
- Apportez au printemps des engrais pour plantes de terre acide.
- Arrosez 2 fois par jour de mai à septembre, pour que la terre ne sèche pas.

Cultiver le cornouiller de Chine

Bien rustique, cet arbre craint cependant les vents froids, qui abîment ses bourgeons et boutons à fleurs. Il redoute tout autant les expositions brûlantes, qui le font griller. Un emplacement à l'est ou au nord, lumineux et abrité du vent est parfait. Il craint également la pollution extrême. Aucune taille n'est requise.

Dans les emplacements où le poids compte beaucoup, il vaut mieux choisir un **bac** large que profond.

Faites vos achats

Procurez-vous des sujets un peu élevés, car cet arbre ne pousse pas vite. N'acceptez que des plantes en motte, car les racines des plantes en conteneur sont sujettes à la formation de chignons. Nombreuses et fines, elles ont tendance à former vite, en pot, un tissu dense et emmêlé.

Pour le choix de la variété, outre le type à bractées blanches, vous pouvez opter pour 'Satomi', aux bractées roses dès l'éclosion.

La couleur d'automne du cornouiller illumine un balcon.

Le frêne à manne

Fraxinus ornus

Atouts : taille naturellement réduite ; floraison parfumée ; bonne rusticité.

Limites : pousse un peu lente.

Si le frêne commun forme un arbre majestueux, le frêne à manne, méconnu, reste toujours de petite taille. Il porte dès son jeune âge une vaporeuse floraison printanière, très odorante, suivie d'un feuillage léger bougeant au moindre vent.

Les qualités du frêne à manne sont nombreuses. C'est tout d'abord un arbre relativement petit par nature, ne dépassant pas 5 à 6 mètres, ce qui le rend aisé à réduire pour les besoins d'un balcon.

Sa couronne arrondie disparaît en avril-mai sous une masse de fleurs crème, plumeuses, au puissant parfum d'amande. Les feuilles se développent aussitôt. **Composées**, elles portent des folioles étroites, pointues, vert vif. En octobre-novembre, elles virent à l'or avant de tomber.

L'arbre forme spontanément une cépée et ressemble à un gros buisson. Pour le balcon, il faut prendre des sujets **conduits** en tige, avec un tronc unique.

Composée : se dit d'une feuille formée de folioles réparties généralement par paires, le long de la nervure centrale. Cette disposition lui donne une grande légèreté d'aspect et une meilleure résistance au vent.

Les clés de la réussite

- Toutes sauf brûlante.
- Moyen à grand (0,60 à 1 m^3).
- De base (terreau-terre-perlite).
- Taillez fin mai les frondaisons trop développées, en les réduisant d'un tiers.
- Ne négligez pas les arrosages.

Conduire un arbre : lui donner par la taille une forme déterminée qu'il n'acquiert pas spontanément.

Cultiver le frêne à manne

Capable de s'adapter à des climats variés, ce frêne supporte le vent, les climats chauds (Midi) et le froid. Une fois en place, il demande tout au plus une taille tous les 5 ans, après la floraison, pour réduire ses frondaisons.

Tolérant au vent, compact, le frêne à manne est très parfumé.

Peu sensible aux maladies et parasites, résistant parfaitement à la pollution, il ne demande pas de grandes quantités d'eau, mais plutôt des arrosages réguliers, quotidiens. Si vous achetez un sujet très jeune, à la couronne peu importante, formez-la en rabattant les branches des deux tiers, chaque année en hiver, pendant 3 ans.

Faites vos achats

Procurez-vous un arbre jeune, à racines nues, élevé en tige. Veillez à ce qu'il ne soit pas greffé en tête : la jonction formerait un bourrelet disgracieux (le point de greffe est aisé à distinguer).

Réputé commun, et d'ailleurs peu coûteux, le frêne à manne demande pourtant un peu de recherche dans les catalogues.

Le hêtre d'Amérique

Nothofagus antarctica

Atouts : se contente d'un faible volume de terre ; feuillage odorant ; couleurs d'automne.

Limites : craint les climats torrides.

Malgré son nom commun, ce petit arbre pittoresque ne rappelle que fort peu notre hêtre. Sobre, toujours élégant, il est décoratif par la forme tortueuse de son tronc, son écorce mouchetée et son minuscule feuillage au bel aspect brillant.

Inconnu en France il y a seulement 20 ans, cet arbre au feuillage caduc s'est multiplié dans les pépinières puis les jardins. Il présente rarement un tronc unique et plus souvent 2 ou 3 en cépée, rapprochés et dressés. Élégamment tortueux, ils sont recouverts d'une écorce brune, brillante et ponctuée d'un joli dessin de points blancs.

Les rameaux nombreux, aérés, sont garnis d'un tout petit feuillage vert vif, dense, arrondi, plissé et brillant. Il vire à l'or en automne.

Au **débourrement**, l'arbre présente la rare particularité d'émettre un puissant parfum de pain d'épice. La floraison microscopique reste anecdotique.

Débourrement : moment où les bourgeons d'un arbre commencent à se développer ; c'est l'équivalent, pour les pousses, de l'éclosion pour les fleurs.

Son petit feuillage luisant donne un air frais au hêtre d'Amérique.

Ce hêtre du bout du monde est une vraie sculpture végétale, pleine d'élégance, et belle toute l'année grâce à son écorce. Le feuillage garnit bien le volume qu'on lui attribue, sans donner trop d'ombre.

Les clés de la réussite

- Soleil ou mi-ombre.
- Moyen à grand (0,60 à 1 m^3).
- De base (terreau-terre-perlite).
- Rabattez toutes les branches de moitié, en mars, tous les 5 ans.
- Normal : en moyenne un arrosoir (10-12 litres) par jour.

Cultiver le hêtre d'Amérique

Cet arbre se contente d'un volume restreint pour ses racines, ce qui explique une partie de son succès comme arbre pour balcons et terrasses. Ce faible enracinement, en contrepartie, entraîne un léger manque de stabilité en cas de grand vent. Veillez donc à bien **haubaner** votre arbre. Peu exigeant et très résistant, il craint cependant les vents froids, malgré sa parfaite rusticité. Placez-le dans un coin abrité mais non brûlant.

Pour rester beau, il ne doit pas manquer d'eau. Il finit par prendre une certaine ampleur. Plutôt que de supprimer uniquement les branches basses gênantes, raccourcissez l'ensemble de moitié, tous les 4-5 ans environ.

Faites vos achats

Achetez un sujet en motte ou à racines nues, en automne. Prenez-le un peu développé, car il pousse timidement dans son jeune âge.

Veillez à vous procurer une plante aux tiges bien dressées. Évitez le tronc unique, qui fait perdre de son pittoresque à cette espèce, sans réduire son encombrement pour autant.

Je conseille

*« Pour **haubaner** discrètement un arbre de ce type, j'emploie de préférence du câble d'acier inoxydable, à la fois robuste et discret. Je l'habille, sur la zone de contact avec l'écorce, d'une section de tuyau d'arrosage. »*

L'if

Taxus baccata

Atouts : persistant, très rustique, à l'aise partout ; décor permanent ; bien adapté aux constructions rigoureuses, classiques.

Limites : craint le soleil brûlant et le manque d'eau.

Roi des jardins réguliers, avec le buis, l'if se plie à tous les caprices de la taille. Bien rustique, persistant, il accepte volontiers la culture en bac, où il sera mis en forme à la cisaille.

Typique du territoire normand, où il peut atteindre plusieurs siècles, ce conifère pas comme les autres porte sur des branches à écorce rouge des aiguilles plates, persistantes, vert très sombre, et des fruits charnus, de couleur rouge ou jaune.

Son feuillage très dense et son aptitude à supporter des tailles sévères l'ont très tôt désigné pour les mises en formes de l'art topiaire. C'est ainsi qu'il doit être employé sur balcon, pour rester beau et peu encombrant. On le dit de végétation très paresseuse, ce qui est une légende : les jeunes sujets, selon les conditions, poussent de 30 à 50 cm par an.

Les clés de la réussite

- Mi-ombre.
- Moyen à grand (0,60 à 1 m^3).
- De base (terreau-terre-perlite).
- Taille de mise en forme en avril et juillet-août ; éventuel recépage en février-mars ; apportez des engrais de fond chaque année.
- Ne le laissez jamais manquer d'eau.

mémo

La résistance de l'if à la taille, et surtout au recépage, est une rareté parmi les conifères, qui ne sont pas aptes, en général, à se régénérer sur leur vieux bois, dépourvu de bourgeons de remplacement.

Cultiver l'if

Inutile de prendre une plante déjà formée : vous pourrez la modeler vous-même – c'est beaucoup moins coûteux – à condition de vous en tenir à des silhouettes simples.

Dès la plantation, supprimez à ras les branches indésirables. Taillez ensuite à la cisaille, au printemps et au cœur de l'été, les rameaux de l'année, pour provoquer une repousse dense de brindilles courtes. Les plantes déséquilibrées ou trop encombrantes peuvent être sévèrement rabattues à la scie, en fin d'hiver, tous les 6 ans au plus.

Faute d'arrosages réguliers, l'if devient maigre et terne. Ne le laissez donc pas manquer d'eau, sans le faire tremper cependant. **Bassinez** le feuillage en été.

Soutenez son effort en apportant un engrais de fond chaque printemps. Pour cette opération, sur les sujets recépés, attendez que les branches commencent à se regarnir. Plus tôt, l'arbre dépouillé ne pourrait l'assimiler.

Bassiner : mouiller le feuillage au pulvérisateur ; cette opération aide les plantes à lutter contre la sécheresse atmosphérique.

Faites vos achats

Procurez-vous un sujet en motte, à planter en mars de préférence. Prenez-le un peu élevé pour gagner du temps. Veillez à ce qu'il présente une forme bien régulière, signe d'une culture bien menée.

Très malléable, l'if est le roi des topiaires, à mi-ombre.

Le laurier-cerise

Prunus laurocerasus

Atouts : facile à cultiver ; supporte le vent et des situations inégales ; persistant ; floraison odorante.

Limites : sensible à l'oïdium.

Je conseille

*« Pour éviter que les **baies** noires, charnues, ne tachent le sol, ou que les enfants ne les mangent, je procède systématiquement à une taille de nettoyage dès que les fleurs fanent. »*

Trop souvent cantonné aux haies, ce très grand arbuste de culture facile fait également merveille conduit sur tronc. Son brillant feuillage, sa belle floraison, sa résistance à la taille et à des conditions difficiles en font un sujet de choix.

Tout le monde connaît cet arbuste persistant, au beau feuillage allongé, vert moyen, luisant, pour en avoir vu partout en haies bien sages. Laissé libre, il atteint 5 à 6 m de haut, et forme un énorme buisson arrondi, couvert en mai-juin de longs épis de fleurs blanches, sentant fortement l'amande, et suivies de **baies** noires, non comestibles.

Comme il supporte facilement la taille, il est aisé de le former sur tronc. Il prend alors des allures d'arbre et personne ne le reconnaît. Vous pourrez même lui donner une silhouette régulière simple, telle que boule ou cône.

Il accepte des expositions variées, sauf l'ombre extrême et le soleil brûlant. Enfin, comme il tolère tous les climats et un sol moyen, c'est une providence à ne pas manquer.

Les clés de la réussite

- Soleil ou mi-ombre.
- Moyen à grand (0,60 à 1 m³).
- De base (terreau-terre-perlite).
- Taillez les formes ordinaires en avril, les topiaires en avril et en août ; luttez contre l'oïdium en mai-juin.
- Normal : en moyenne un arrosoir (10-12 litres) par jour.

Cultiver le laurier-cerise

Installez votre laurier-cerise en mars ou en octobre, comme tous les persistants.

Redécouvrez le laurier-cerise en lui donnant une forme pittoresque.

Supprimez d'emblée les branches de la base, sur la moitié de la hauteur. Vous supprimerez par la suite un étage par an, jusqu'à ce que le tronc atteigne la hauteur désirée. À partir de ce moment-là, restreignez la couronne en raccourcissant les pousses de l'année de moitié, en mars. Tous les 5 ans, au printemps, réduisez l'ensemble de moitié ou des deux tiers en taillant dans les branches charpentières, puis éclaircissez les repousses en juillet.

La floraison du laurier-cerise, en mai, dégage un parfum d'amande.

Le seul défaut de cet arbre est de se révéler sensible à un oïdium dit « perforant », qui déforme la pointe des jeunes feuilles et les crible de trous. Luttez en pulvérisant un fongicide systémique général (« anti-maladies ») en cas de coup de chaleur, en mai et juin.

Faites vos achats

Prenez un sujet de taille moyenne (1,50 à 2 m). La forme type est parfaitement adaptée et très peu coûteuse. Ne vous laissez pas tenter par le bel aspect des cultivars nains, qui gardent toujours un port étalé. Le cultivar 'Castelwellan' (ou 'Marbled White') est une superbe forme aux feuilles étroites, panachées et jaspées de blanc, mais de pousse un peu plus lente que le type ; 'Rotundifolia', se démarquant par ses grandes feuilles arrondies, déroute les plus blasés.

Les diverses variétés du laurier-cerise présentent un feuillage variable en taille et en forme.

Le lilas des Indes

Lagerstroemia indica

Atouts : culture facile ; joli feuillage aux belles couleurs d'automne ; encombrement limité et silhouette bien typée d'arbre.

Limites : craint les grands froids ; pousse assez lente.

Réputé gélif, le lilas des Indes résiste pourtant fort bien en ville, en exposition chaude, dans la plupart des régions.

Cet arbre a tout pour plaire : une belle floraison estivale, de flamboyantes couleurs d'automne et une superbe écorce mouchetée. Simples ou doubles, ses fleurs mousseuses s'épanouissent en juillet-août, dans des tons de blanc, rose, rouge ou mauve. Ses gros épis, ou thyrses, évoquent le lilas, d'où son surnom.

Les clés de la réussite

- Soleil.
- Moyen (0,60 m^3 au moins).
- Terre franche (2/3) et terreau (1/3).
- Supprimez les brindilles et taillez les pousses de l'année à 2 yeux, en mars.
- 2 arrosoirs (10-12 litres) par jour, en été.

Cultiver le lilas des Indes

Peu gourmand, le lilas des Indes supporte fort bien de voir ses racines à l'étroit. Il fleurit abondamment, sans jamais prendre un volume excessif. Il exige une exposition sud ou ouest et des arrosages bi-quotidiens en été, sans tremper la terre cependant.

Plantez-le en mars. Il aura ainsi le temps de former des bois bien endurcis et des racines bien installées avant le retour des gelées.

En le **taillant** en fin d'hiver, vous restreindrez son volume et multiplierez les pousses à fleurs.

L'oïdium fait parfois sécher les boutons à fleurs. Traitez les pousses 3 fois à 10 jours d'intervalle, fin mai, au pulvérisateur, avec un produit à base de Triforine.

Je conseille

*« Le secret de la réussite tient dans une **taille** régulière et très courte. Quand le cœur de la frondaison devient trop dense, je supprime toutes les brindilles au sécateur, lors de la taille de printemps. Les branches restantes, mieux aérées et alimentées, n'en sont que plus belles. »*

Faites vos achats

Les jeunes lilas des Indes sont souvent vendus en **touffe**. Formez-les vous-mêmes. Choisissez un sujet avec une branche dominante bien marquée, que vous tuteurerez et conserverez comme tronc. Supprimez les autres en 2 ou 3 ans, en commençant par les plus fortes. Ne les enlevez pas toutes en même temps, pour éviter un choc végétatif qui serait préjudiciable à l'arbuste.

Ces jeunes arbres se développent lentement ; si vous êtes pressé, vous gagnerez à acheter un sujet déjà formé sur tige, bien qu'un peu coûteux.

Touffe : plante à plusieurs ramifications formant une masse compacte.

Pour bien fleurir, le lilas des Indes demande beaucoup de soleil.

Le marronnier d'Inde

Aesculus irdica

Atouts : pousse rapide ; bonne adaptation à des contenants restreints ; floraison dès son relatif jeune âge.

Limites : longévité limitée en bac.

On a peine à imaginer ce majestueux habitué de nos parcs et avenues sur un balcon. Il y fait pourtant bonne figure et réussit à y fleurir régulièrement pendant au moins une dizaine d'années.

En pleine terre, le marronnier peut former un très gros arbre à l'ombre extrêmement dense. Ses feuilles palmées qui évoquent des mains et ses chandelles printanières roses ou blanches sont connues de tous, ainsi que ses fruits luisants dont la chute coïncide avec la rentrée des classes. Ceux des balcons sont d'ailleurs souvent issus du semis d'un marron ramassé en promenade, et qui a résisté, contre toute attente. Dans ces conditions, leur **longévité** n'atteint que de 10 à 12 ans environ, ce qui est toutefois appréciable.

Je conseille

*« En fin d'hiver, je dépote les marronniers de balcon devenus âgés, et je coupe, à la scie, une galette de vieilles racines sur 10 cm à la base de la motte, avant de les rempoter. J'augmente ainsi leur **longévité** de 5 ans au moins. »*

Les clés de la réussite

- Soleil non brûlant.
- Grand (1 m³).
- De base (terreau-terre-perlite).
- En juin, supprimez les pointes centrales des branches, en laissant les latérales.
- En été, doublez la fréquence des arrosages.

Cultiver le marronnier

Installez-le en automne, en le haubanant pour 2 ans. Le marronnier pousse vite et dans des conditions ingrates, mais il redoute cependant le vent fort et surtout l'air sec et brûlant de l'été, qui racornit son feuillage. Mouillez ce dernier et doublez non pas la quantité d'eau mais la fréquence des apports à cette saison.

Pour réduire son développement tout en multipliant les pousses à **fleurs**, supprimez la jeune pousse centrale de chaque branche dès la floraison passée. Les brindilles latérales formeront des bouquets de remplacement courts.

Faites vos achats

Prenez un sujet à racines nues, déjà formé, de la hauteur souhaitée, mais avec une couronne bien ramifiée.

Outre le type, vous pouvez choisir la forme double 'Baumannii', qui ne donne pas de fruits et n'entraîne pas de problèmes de voisinage. Si vous appréciez les fleurs rouges, l'hybride 'Briotii , à développement réduit et à fleurs très colorées, reste le meilleur.

Évitez les sujets greffés en tête, qui forment à terme de vilains bourrelets au point de jonction.

mémo

Comme tous les arbres à **fleurs**, le marronnier ne fleurit pas tant qu'il peut pousser à l'aise et transformer toute son énergie en branches. Ce n'est qu'une fois établi, et un peu à l'étroit, qu'il se calme et s'épanouit.

Au moment de l'éclosion des bourgeons du marronnier d'Inde, gardez-vous de leur enveloppe collante.

L'olivier

Olea europaea

Atouts : très peu exigeant en nourriture et en eau ; beau feuillage persistant ; volume restreint, même âgé ; silhouette pittoresque.

Limites : rusticité limitée.

Symbole de paix, typique de la Méditerranée, cet arbre cultivé depuis des millénaires s'adapte fort bien, même âgé, à la culture en bac et résiste bien au froid. De quoi rêver de garrigue en pleine ville.

Doté d'une ramure aérée, l'olivier est un arbre de taille moyenne, garni de feuilles persistantes lancéolées, gris-vert à revers argenté duveteux. La floraison en masses neigeuses vert clair est suivie des célèbres fruits, aux qualités variables suivant les cultivars, mais rares en bac et de faible qualité en dehors du Midi. Le tronc gris, lisse dans son jeune âge, devient par la suite joliment contourné et crevassé. Il peut être complètement creux sans que la santé de l'arbre en souffre.

La sobriété de l'olivier n'a pas d'équivalent : il peut pousser dans du caillou presque pur, en sol acide ou calcaire, et il ne boit presque pas. Plus rustique qu'on ne croit, il résiste à - 10 °C à l'abri du vent, et l'air marin ne l'atteint guère.

Les clés de la réussite

- Plein soleil.
- Moyen à grand (0,60 à 1 m^3).
- De base (terreau-terre-perlite).
- Luttez contre les éventuels pucerons en avril-mai. Taillez les pousses en avril.
- Nécessite très peu d'eau, mais un parfait drainage du contenant.

Cultiver l'olivier

Mettez toutes les chances de votre côté, au nord de la Loire, en plantant au printemps, pour limiter les méfaits du gel. En climat océanique ou méditerranéen, vous pouvez également planter en automne. Haubanez les jeunes sujets, peu stables.

Les jeunes oliviers demandent une bonne protection hivernale.

La fructification de l'olivier n'a lieu qu'en climat doux.

mémo

Comme pour beaucoup d'arbres méditerranéens, la **fructification** de l'olivier est rare en dehors de sa zone d'élection car ses jeunes fruits se forment mais gèlent avant maturité.

La taille de **fructification** est difficile à mener correctement en bac, pour un résultat plus qu'incertain. Pour la mise en forme, contentez-vous, au printemps, de supprimer les pousses désordonnées et de réduire les autres environ de moitié.

En ville, les pucerons attaquent parfois les jeunes pousses. Traitez avec un insecticide général, à pulvériser 3 fois à 8 jours d'intervalle, dès les premiers symptômes.

Limitez les arrosages aux périodes de chaleur extrême, et maintenez un drainage parfait dans le pot. Protégez celui-ci pour l'hiver.

Cultivar : de l'anglais *cultivated variety*, désigne une variété issue de la sélection par les hommes, ou de croisements horticoles, par opposition aux variantes d'une espèce trouvée dans la nature.

Faites vos achats

Évidemment, les sujets âgés sont les plus beaux et... les plus chers (de 300 à 1000 euros environ) ! Ils ont cependant l'avantage, malgré leur taille, de se contenter d'un volume de terre réduit. Les jeunes sujets sont peu coûteux et poussent très vite, mais ont moins de caractère. À vous de choisir !

Les différents **cultivars** varient surtout par leurs fruits et non par leur aspect.

L'olivier de Bohême

Elaeagnus angustifolia

Il est vrai qu'il faut être averti pour ne pas confondre ce grand arbuste avec un jeune olivier. Presque aussi accommodant, c'est une belle espèce qui offre l'avantage d'une meilleure rusticité et d'une floraison parfumée.

Atouts : aérien, à l'ombre légère ; résiste très bien en situation torride ; pousse rapide ; sobre ; floraison parfumée.

Limites : craint l'humidité ; rameaux épineux.

Laissé à lui-même, l'olivier de Bohême forme naturellement une cépée de 3 à 5 troncs, de 5 à 6 m de haut, garnis d'une ramure aérée au feuillage caduc allongé, étroit, argenté et très léger. Il produit en mai-juin des masses de fleurs crème doré, au parfum puissant et lourd, perceptible à plusieurs mètres. Elles sont suivies de petites baies ambrées et translucides ; comestibles, elles sont acidulées. L'écorce fine, brun doré puis gris foncé, est rugueuse au toucher, et garnie çà et là de quelques aiguillons.

L'olivier de Bohême, poussant très vite, est parfait lorsqu'un effet rapide est recherché.

On conduit souvent cette espèce sur un seul tronc, pour en faire un arbre adapté aux petits espaces. La taille doit rester discrète pour qu'il conserve son aspect naturel.

Les clés de la réussite

- Plein soleil.
- Moyen à grand (0,60 à 1 m³).
- De base (terreau-terre-perlite).
- Tuteurez le jeune tronc.
- Veillez à un drainage parfait.

Cultiver l'olivier de Bohême

Installez votre arbre en automne, au soleil. Tuteurez-le s'il est déjà formé. Sinon, retirez aussitôt les brindilles et petites branches issues de la base pour ne conserver que les plus fortes. Au bout d'un an de végétation, gardez uniquement la plus droite, qui formera le tronc. Par la suite, éliminez les branches basses (un étage par an) jusqu'à l'obtention de la hauteur désirée. Tuteurez le tronc qui reste parfois souple durant plusieurs années.

Pour former ou limiter le développement de la couronne, ne taillez qu'une branche sur deux en la réduisant d'un tiers au plus. Les aiguillons, importants en taille mais peu nombreux, ne sont guère gênants.

Faites vos achats

Poussant vite, cet arbre n'est pas très coûteux et vous pouvez en trouver d'assez grands, bon marché. Il est rare cependant qu'ils soient formés sur une seule tige. Les cépées sont utilisables si elles ne comportent pas plus de 3 tiges. Les jeunes sujets, en buissons, demandent une formation durant 3 ou 4 ans.

La forme type est excellente. '**Quicksilver**' est très argenté, sans épines, mais **drageonne** beaucoup et disparaît parfois subitement.

mémo

L'éléagnus '**Quicksilver**', issu de terrains pauvres, émet des drageons pour aller conquérir un sol neuf, comme nombre de plantes de sols maigres. Contrairement à la légende, les supprimer ne prolonge pas la vie de la plante principale, qui reste brève par nature.

Drageonner : émettre de nombreux rejets sur les racines.

Le palmier de Chusan

Trachycarpus excelsa

La popularité de ce palmier issu d'îles chinoises est avant tout liée à son étonnante rusticité. Typique, avec son tronc fibreux et sa couronne arrondie de palmes vertes, il apporte une touche d'exotisme.

Très en vogue à la fin du XIXe siècle, où on le rapportait directement de Chine par bateau, ce palmier revient à la mode. De pousse relativement rapide pour un palmier, il forme chaque année une couronne de palmes en éventail rond, assez courtes et dressées. Elles persistent quelques années puis meurent en laissant une **masse fibreuse** qui habille le tronc et le protège des intempéries.

Donnez de la place aux jeunes sujets, pour ne pas être gêné par leurs palmes.

Atouts : aspect exotique très marqué ; bonne rusticité ; résistant et facilement adaptable à diverses expositions.

Limites : pousse lente.

Je conseille

*« Les moineaux apprécient fort la **masse fibreuse** laissée par les vieilles palmes pour y nicher. Afin de préserver la propreté des balcons, je les décourage en entourant le haut du tronc d'un morceau de filet à mailles serrées, discret et efficace. »*

Nettoyez bien le tronc des jeunes palmiers pour dégager leur silhouette.

Les grappes dorées de fleurs minuscules font place à des fruits ronds, bleu-noir, charnus et sucrés, très appréciés des oiseaux.

Les clés de la réussite

- Soleil ou mi-ombre.
- Moyen à grand (0,60 à 1 m^3).
- De base (terreau-terre-perlite).
- Supprimez chaque année les palmes mortes, disgracieuses.
- Normal : en moyenne un arrosoir (10-12 litres) par jour.

Cultiver le palmier de Chusan

Bien que rustique jusqu'à –18 °C environ, ce palmier gagne à être planté au printemps, pour s'installer avant le retour du froid. Offrant peu de prise au vent, auquel il résiste d'ailleurs fort bien, il ne demande pas de haubanage ni de tuteurage.

En climat froid, ou en cas d'hiver particulièrement rigoureux, redressez les palmes et attachez-les en bouquet avant de les entourer de toile ou de paille pour protéger le bourgeon central.

Tranchez les palmes mortes sans tenter de les arracher ; ce serait une tâche éreintante, étant donné la résistance extraordinaire de leurs **fibres**, et dangereuse pour la santé de la plante.

Peu exigeant, ce palmier peut rester 10 ans dans son contenant avant de demander un rempotage sérieux.

Faites vos achats

Ce palmier est toujours vendu en motte ou en conteneur. Il n'y a pas de risque de formation de chignon dans ce dernier cas. Les sujets assez hauts, avec un tronc libre de près de 2 m, sont hélas très coûteux. Mais le faible encombrement de la couronne permet d'en adopter sans gêne des exemplaires plus petits, et de s'armer de patience en attendant qu'ils grandissent.

mémo

Les **fibres** servaient en Chine à fabriquer un costume de guerre, parant fort bien les coups de sabre ; elles y sont encore employées sous forme de cape contre la pluie. C'est dire leur solidité et leurs qualités isolantes.

Le pommier d'ornement 'Evereste'

Malus 'Evereste'

Atouts : peu encombrant ; pas de maladies ; floraison et fructification abondantes et de longue durée ; facile à cultiver.

Limites : un peu sensible au soleil brûlant.

Champion parmi les pommiers d'ornement, cet hybride de petite taille demande un entretien réduit et offre sans coup férir son abondante floraison et sa fructification de longue durée, présente plusieurs mois durant.

Le retour des pommiers d'ornement dans le jardin, il y a une vingtaine d'années, y a favorisé l'adoption de cette superbe réussite. Petit, formant d'ordinaire une cépée de quelques troncs, il ne dépasse pas 4 m de haut, et peut être aisément réduit par la taille.

Extraordinairement florifère, il épanouit en avril-mai de grandes fleurs blanc rosé qui couvrent toute sa couronne. Elles sont suivies de quantité de petites pommes dorées à joue rouge, comestibles quoiqu'un peu âpres. Elles persistent si longtemps qu'il n'est pas rare de les retrouver au printemps en compagnie des nouvelles fleurs.

D'une remarquable robustesse, ce pommier résiste au vent, aux intempéries et aux maladies comme aucun autre.

Son feuillage léger, duveteux, assure un ombrage moyen, sans excès.

Les clés de la réussite

- Soleil.
- Grand (1 m³).
- De base (terreau-terre-perlite).
- En été, réduisez les tiges neuves de moitié, au sécateur. Nettoyez la couronne tous les 4-5 ans.
- Arrosez bien en mai, en cas de sécheresse.

Cultiver le pommier 'Evereste'

Comme tous les pommiers, celui-ci apprécie les endroits ensoleillés et aérés, mais sans vent violent.

Très résistant, il ne demande pas de traitements et guère de taille pour **fructifier** abondamment, même en bac. Veillez seulement à ce qu'il ne manque pas d'eau en mai, quand les jeunes fruits sont juste formés, pour éviter la chute de ceux-ci.

Pour garder une cime dense, raccourcissez de moitié les pousses de l'année en juillet-août. Tous les 4 à 5 ans, si la couronne devient désordonnée, éclaircissez-la en automne, en supprimant au sécateur les brindilles et les branches emmêlées, pour éclairer et aérer l'ensemble. Vous pouvez enlever un tiers des branches environ, en les coupant à ras d'une fourche.

Faites vos achats

On trouve aisément ce cultivar, à racines nues, en automne, en cépée ou sur tige unique. Poussant vite, il reste d'un prix modique. Installez-le aussitôt en veillant à bien le tuteurer. Vous avez intérêt à prendre des sujets jeunes, qui s'ancreront rapidement dans le sol.

mémo

À la différence de nombreux pommiers, 'Evereste' **fructifie** sans apport de pollen étranger. À l'origine, il était d'ailleurs destiné à servir de pollinisateur universel dans les vergers, rôle qu'il remplit parfaitement bien.

De longue durée, les fruits de 'Evereste' n'ont à craindre que les oiseaux.

Le saule blanc

Salix alba

Atouts : rustique, peu exigeant ; pousse vite ; beau une grande partie de la saison, voire toute l'année pour les formes à écorce ornementale.

Limites : craint la sécheresse.

Trésor du bord de nos cours d'eau, où son feuillage argenté fait merveille, ce saule s'adapte à quantité de situations. Il a donné, au fil des siècles, des sélections de premier ordre, belles par leur feuillage, leur écorce ou les deux.

Poussant très rapidement, ce grand arbre à la silhouette élancée produit une foule de rameaux dressés, minces, revêtus d'un étroit feuillage lancéolé, vert bleuté, couvert d'un fin duvet argent. C'est une des rares plantes de terrain humide présentant cette couleur de feuilles. S'il vit peu de temps, et surtout en bac, sa vitesse de croissance et sa facilité de reproduction permettent de le remplacer sans remords.

Il supporte toutes les tailles et on le cultive d'ordinaire en **têtard**, pour lui conserver un volume réduit. Cette technique est impérative pour maintenir la beauté des cultivars à écorce colorée.

Têtard : nom donné à un arbre dont les branches ont été rabattues régulièrement sur un même point du tronc, finissant par former à leur jonction une boule ou « tête ».

Les clés de la réussite

- Toutes sauf brûlante. Évitez le grand vent.
- Moyen à grand (0,60 à 1 m^3).
- Indifférent pourvu qu'il reste frais.
- En mars, recépez très court les rameaux de l'année précédente.
- Maintenez le sol humide.

Cultiver le saule blanc

Prenez un sujet très jeune. Il atteindra en 1 ou 2 ans, au plus, la hauteur désirée. En mars, coupez alors la tige centrale et supprimez les rameaux de la base. Taillez les rameaux supérieurs conservés à 10 cm du tronc.

Au bout de 4 à 5 ans, rabattez l'ensemble de la couronne de la même façon, c'est-à-dire à 10 cm du tronc, en fin d'hiver.

Maintenez la terre toujours humide, les saules craignant plus la sécheresse que l'asphyxie. Notez que la moindre branche, même de grande taille, placée dans l'eau, s'y enracine en 8 jours.

Faites vos achats

Outre le type sauvage, vous pouvez choisir 'Sericea', très bleuté, mais l'un et l'autre redoutent le vent, qui casse facilement leurs branches à la base. 'Aurea', à l'écorce et aux feuilles dorées, craint le soleil vif. 'Britzensis' et 'Chermesina' offrent une brillante écorce vermillon en hiver, qui vaut toutes les floraisons ; en outre, proches de l'osier, ces deux cultivars s'avèrent peu **cassants**.

mémo

Le bois du saule blanc est assez **cassant**. C'est d'autant plus curieux que l'osier (*Salix alba* 'Vitellina'), connu pour sa légendaire souplesse, en est une simple variante.

Il faut à peine deux ans pour former un arbre à partir d'un scion de saule.

Index

Dans la collection la Vie en vert

1. 12 mois au jardin **2.** Cultiver les petits fruits
3. 30 fleurs pour le balcon **4.** Des roses pour le jardin
5. 30 massifs à créer **6.** Semer, greffer, bouturer
7. Les champignons des bois **8.** Les champignons des prés
9. Les plantes de la maison **10.** Choisir et planter un arbre
11. Créer un petit potager **12.** Réussir un jardin de ville
13. Arbres et arbustes du soleil **14.** Les couleurs au jardin
15. Une ruche au jardin **16.** Élever des lapins
17. Une vigne au jardin **18.** Les bulbes à fleurs
19. Parasites : les traitements bio **20.** Les astuces du jardinier
21. La cuisine des Savoyards **22.** Jardiner « bio »
23. Pelouses et couvre-sol **24.** Des arbres pour le balcon

Nombreux titres à paraître

Crédits photographiques

A. Schreiner : pp. 6, 8-9, 20, 27, 31, 33, 37, 39, 41, 43, 47, 57, 60, 67, 68, 71, 72, 75 ;
F. Strauss/M.A.P. : pp. 11, 25, 29, 48, 63, 77 ; F. Marre/Rustica : p. 13 ; E. Brenckle/Rustica : p. 15 ;
P.Tourmente/Horizon : pp. 17, 21 ; N. et P. Mioulane/M.A.P. : p. 22 ; A. Guerrier/Horizon : p. 35 ;
Face & Cie/Bios : p. 40 ; H. Klein/Bios : p. 45 ; A. Petzold/Horizon : p. 49 ;
A. Descat/M.A.P. : pp. 51, 54 ; Y. Monel/M.A.P. : p. 53 ; Le Toquin/Bios : p. 59 ;
J.P. Vantighem/Bios : p. 61 ; Ph. Bonduel : p. 65 ; C. Nichols/M.A.P. : p. 69 ;
R. Sutherland/G.P.L. Bios : p. 79.

En couverture : R. Sutherland/G.P.L. Bios

Illustrations pp. 16, 18-19, 23, 24, 26 : M. Sinier

Création graphique : É. Mouton
Mise en pages : L.Cellier/Yukó
Avec la collaboration de A. Fitamant Peter

Photogravure : Penez Édition
Achevé d'imprimer en janvier 2005
par Mateu Cromo, Espagne.